RAPPORT

Fait, le 31 Janvier 1790, à l'Assemblée-Générale des Représentans de la Commune, sur la disproportion qui se trouve entre le Numéraire en espéces, & les Billets de Caisse actuellement en circulation dans Paris; par les Commissaires nommés à cet effet le 5 du même mois.

MESSIEURS,

« L'ASSEMBLÉE nous ayant nommé ses
» Commissaires, pour prendre des éclaircissemens
» sur la circulation des Billets de Caisse, soit
» auprès des Administrateurs de la Caisse-d'Es-
» compte, soit auprès de toutes autres person-
» nes qui pourroient nous donner des renseigne-
» mens, elle a eu soin d'insérer, dans notre
» Mandat, que cette affaire est une des plus
» importantes qui lui ayent été soumises; qu'elle
» intéresse toutes les classes de la Société, &
» que de sa décision peut dépendre le bonheur
» général ». Elle déclare encore, dans ce Mandat,
« que nos recherches lui sont nécessaires pour
» qu'elle puisse prendre, en conséquence, le
» parti le plus sûr en lui-même, le plus conve-
» nable aux circonstances, le plus avantageux
» au Commerce ».

A

Il n'étoit pas possible de mieux caractériser l'étendue de nos devoirs, la grandeur de nos obligations, & les Principes qui ont du nous diriger. Toutes nos démarches & tous nos pas nous ont convaincu, nous ont intimement pénétrés de cette effrayante Vérité, que le bonheur général n'est que trop réellement attaché à la décision que vous allez prendre. C'est pour cela, qu'après leurs premiers travaux, vos Commissaires ne sentant que la grandeur du fardeau qui leur étoit imposé, se sont presque reproché de l'avoir trop légèrement accepté. S'ils n'eussent consulté que ces trop justes sentimens, ils eussent prié l'Assemblée de les décharger d'une mission où les moindres erreurs leur paroissent de la plus haute conséquence; mais, ayant réfléchi que l'Assemblée n'exigeoit d'eux que l'histoire fidelle de ce qu'ils auroient vu, de ce qu'ils auroient entendu, ils se sont mutuellement encouragés à seconder, de tout leur pouvoir, les vues patriotiques de l'Assemblée; &, se reposant entièrement sur sa profonde sagesse, pour suppléer à ce qui seroit échappé à leur zèle, ils n'ont à réclamer aujourd'hui que ses bontés & son indulgence sur le compte qu'ils vont lui rendre de leurs recherches.

Nos travaux ayant eu pour but d'éclairer la Commune sur les moyens de remédier à la disproportion qui se trouve entre le Numéraire & les Billets de Caisse, nous avons du nous occuper premièrement de connoître l'étendue du mal.

Par tout où nous-nous sommes transportés, nous avons vu la plus grande pénurie d'espéces. La Caisse d'Escompte n'en avoit que le juste nécessaire. Celle de Poissy, qui en a le besoin le plus urgent, nous a déclaré avoir dépensé plus de 60,600 liv. pour s'en procurer au dehors , quoique plusieurs Bouchers fassent leurs achats avec des billets qui sont échangés , après les marchés, contre des Mandats sur la Caisse de Poiffy à Paris.

Nous étant transportés à la Monnoie , on nous a déclaré n'y avoir plus que pour environ 30,000 liv. des 10 à 11 millions frappés avec la vaisselle ; & M. le Directeur-général du Trésor-Royal nous a déclaré que toute cette monnoie avoit été employée pour la dépense de la Marine & de l'Armée qui en avoit le plus grand besoin.

Enfin les payeurs de rentes nous ont certifié ne recevoir du Trésor-Royal que des billets; de sorte qu'ils étoient obligés de se procurer des espéces par toutes sortes de voies qui finissoient enfin par se tarir. Ainsi, Messieurs, très-peu de numéraire dans les Caisses publiques.

Voilà le résultat des premiers faits qui sont venus à notre connoissance.

Ces premières connoissances acquises , nous avons cru devoir nous instruire de la quotité des espéces entrées & sorties par les voies de la Poste aux Lettres & des Messageries. Nous avons constaté que, par la Poste aux Lettres, la circulation des espéces étoit presque nulle, à cause des frais énormes qui l'accompagnent.

Les Messageries ont importé, dans le courant de l'année dernière , quatre-vingts cinq millions d'espéces; il n'en est sorti que pour trente-cinq millions, par la même voie; de sorte que, si l'excédent ne s'étoit pas écoulé par les voies ordinaires de la consommation, nous devrions avoir cinquante millions de numéraire de plus que l'année dernière.

Après ces recherches, nous avons dû, felon votre vœu, conférer avec le premier Miniftre des Finances, fur les moyens de remédier au mal ; vous fçavez les caufes qui ont retardé, jufqu'à Dimanche dernier, l'entretien que nous avons eu avec lui : il a difcuté, avec nous, l'origine du mal, & le remedes qu'il falloit y apporter. Il a approuvé les Plans propofés pour en diminuer au moins la grandeur. Ces plans déjà difcutés, dans plufieurs conférences par des Membres de l'Affemblée Nationale, de la Caiffe d'Efcompte, du Commerce de Paris, des Députés extraordinaires des Provinces du Commerce avoient éprouvé par-tout de grandes objections ; &, par-tout, on avoit conclu à les fuivre, parce qu'on les avoit regardés comme les feuls permis par les circonftances. La même conclufion a eu lieu chez le premier Miniftre des Finances. Ainfi, Meffieurs, ce font les réflexions des perfonnes les plus éclairées dont nous allons vous faire part ; nous avons cru pouvoir les rapporter à deux divifions générales ; les caufes du mal, & leur reméde ; ce qui affignera deux parties à notre Rappott.

Dans la première, nous examinerons d'où vient l'extrême rareté du Numéraire, & l'exceffive abondance des Billets.

Dans la feconde, nous vous entretiendrons des différens remédes qui ont été propofés, en commençant par ceux qui ont été rejettés, en finiffant par ceux qui ont été admis dans les différentes Conférences dont nous venons de vous parler.

PREMIÈRE PARTIE.

Caufes du mal.

LES caufes de la rareté du Numéraire ne font que trop multipliées.

Paris, qu'on eft accoutumé à ne regarder que comme une Ville de confommation, eft cependant une des Villes dont les fabriques font les plus nombreufes. Plus de deux-cent milles âmes y étoient occupées, il y a quelques années, à donner la Loi à l'Europe & au monde entier, par le goût exquis & la délicateffe de leurs Ouvrages ; mille Caufes ont concouru à fufpendre & ralentir l'activité de ces travaux.

La Hollande, avant la Révolution Stathoudé-rienne, donnoit, aux fabriques de Paris, des ordres extrêmement étendus, & l'Expédition s'en faifoit, par fon entremife, d'un pôle à l'autre. L'inftant où fa liberté a été flétrie, fon Commerce a reçu des atteintes mortelles, dont il ne s'eft pas relevé; & l'on peut regarder cette époque comme la première attaque livrée aux fabriques de Paris.

Depuis, les guerres du Nord & de l'Orient de l'Europe ont augmenté le mal. Non-feulement les Etats Belligérans ne tirent plus les objets de l'induftrie Parifienne; mais encore ils ne payent pas les anciennes fournitures qui leur ont été faites. S.-Pétersbourg, fur-tout, dont les relations avec Paris étoeint très-étendues, ne lui fait ni demandes ni païemens; &, pendant ce temps malheureux, des milliers d'hommes reftent dans l'inaction.

A ces maux qui nous viennent du dehors, & auxquels il nous eft impoffible d'apporter aucun reméde, se sont réunis les sacrifices qui ont été faits à la Liberté. Le Patriotisme ne fait aucun calcul pécuniaire. Il s'est livré, sans bornes, à son zèle; nous sommes passés, sans aucun intermédiaire, d'un luxe qu'on pouvoit regarder comme excessif, à une modestie dont on auroit pas soupçonné la possibilité; on a réduit à l'inaction les Artisans innombrables des objets de pur agrément; &, pour ne citer qu'un exemple, sur mille, la seule cessation de l'usage des bijoux & de l'argenterie a fait tomber dans l'indigence absolue les Ouvriers en cette partie, non-seulement parce qu'ils ne travaillent plus pour Paris & la France; mais encore parce que la correspondance qui étoit établie entre Paris & les principales Villes de l'Europe, au sujet de ces objets qui ne paroissent que frivoles, se trouve aujourd'hui anéantie; attendû que ce genre de Commerce ne reçoit plus le mérite de la nouveauté qui en sollicitoit des demandes continuelles. Le même raisonnement peut s'appliquer à nos modes, à l'horlogerie, à l'ébénisterie, & en un mot, à tous ces arts avec lesquels Paris savoit si bien rendre le monde entier tributaire de son industrie.

De plus, Messieurs, & c'est ici où les sacrifices faits à la Liberté par la Capitale, ne sont pas les moins étendus, une foule d'affaires se traitoient autrefois devant nos Tribunaux. Aujourd'hui, les Procès sont suspendus; le Palais est dans l'inaction; tout l'Ordre Judiciaire, qui s'attend à la réforme, paroît n'avoir plus d'autres mouvemens que ceux de l'agonie, & ceux qui auparavant consacroient leur état à nos intérêts privés, paroissent avoir oublié les nôtres

& même les leurs, pour ne plus s'occuper que des grandes discussions de l'Ordre Politique & de la prospérité des Peuples ; & comme ces nouveaux travaux sont entièrement gratuits, il s'en suit que la somme énorme des revenus de la Procédure de la moitié de la France est presqu'anéantie pour Paris. Ainsi, Messieurs, l'industrie des Arts, les talents du Bareau, le séjour des Plaideurs sont également perdus pour nous. Vous appercevez d'abord, dans ces deux causes, une source énorme de *défieit* en numéraire.

Tous les genres d'industrie étoient vivement excités & entretenus par ces riches consommateurs, que des erreurs politiques ont éloignés de la Capitale & de la France. Que ceux d'entr'eux qui sont coupables des attentats contre la Liberté, soient à jamais éloignés de leur Patrie ! Que leurs noms y soient toujours odieux ! Et eussent-ils emporté avec eux des montagnes d'or, qu'ils aillent traîner loin de nous leurs métaux & leurs crimes. Jamais le dernier des François ne regrettera des Traîtres dont la moindre peine eût été un perpétuel bannissement, & dont les coupables richesses n'eussent servi qu'à aggraver ses chaînes.

Mais, parmi ces absens, il en est qui ne se sont pas rendus indignes de la Liberté ; plusieurs ne sont coupables que de l'effroi que leur ont causé les Brigands qui, au mépris des Loix, au mépris de la sainte Liberté qui fait le bonheur des âmes honnêtes, se sont livrés à cette horrible licence, à ces excès affreux dont on est d'autant plus affligé, d'autant plus irrité qu'on a un amour plus sincère pour la vraie Liberté. Il en est un grand nombre, parmi ces absens qui, n'attendent que le moment où l'exécution absolue de la volonté nationale, étant le véritable signe la Liberté, la force publique en aura suffisamment imposé aux mal-intentionnés, pour ne plus rien laisser à redouter, à l'homme paisible qui n'a jamais imputé à sa Patrie les crimes de ceux qui ont conspiré contr'elle. Ces hommes ne sont point perdus pour la France & pour la Capitale; ils y reviendront en grand nombre, & répareront les maux que leur absence nous cause aujourd'hui. Mais, en attendant, tout souffre. Ils consomment au dehors un numéraire énorme dont la Capitale est privée; &, dans ce moment, c'est-là une des causes les plus fécondes de la rareté de nos espéces.

Mais, Messieurs, combien ce *déficit* ne se trouve-t-il pas augmenté par le retard des Rentes, qui est commandé par les plus impérieuses circonstances. Vous savez qu'elles sont aujourd'hui sous la sauve-garde de la Loyauté Nationale; que les Représentans de toutes les Provinces, & ceux de la Capitale en ont également juré la conservation. Ainsi, ce retard n'a rien d'alarmant pour les Citoyens. Mais, jusqu'à ce que l'ordre soit parfaitement établi dans les finances, il faut supporter cette privation, & ajouter, par la patience, le mérite aux sacrifices qu'elle exige.

Ainsi, Messieurs, la quantité de numéraire que l'opulence & l'industrie amenoient dans la Capitale, se trouve étrangement diminuée, parce que la première cause trop vraie de la rareté du numéraire, est que nous n'avons plus les mêmes moyens de nous le procurer.

Une seconde cause, qui ne contribue pas moins à sa rareté dans la circulation, c'est la défiance générale qui s'eft emparée des efprits, malgré les reffources infinies de la France, malgré les moyens multipliés qu'elle a de payer la dette actuelle, quelle qu'énorme qu'elle foit. On ne défefpère pas du falut de la Nation; mais on redoute des ennemis dont les efforts impuiffans ne pourront arrêter les effets de fa Loyauté. De-là, cet empreffement de remplacer des Effets Nationaux par du numéraire qu'on fe procure à tout prix; de-là, ces ordres qui nous proviennent de l'Etranger, pour vendre à perte des effets qui devroient infpirer plus de confiance que jamais; & enfin, comme il en eft de la rareté du numéraire ainfi que de la rareté du pain, la crainte d'en manquer pour les ufages ordinaires de la vie, détermine à fe procurer, en efpéces, une quantité de numéraire qui étoit repréfentée en Billets de Caiffe, dans la plupart des Maifons dont la dépenfe à une certaine étendue. Joignez à cela, que cette défiance a amené une économie extraordinaire dans celles où l'on fe livroit plutôt à l'excès contraire; & vous fentirez que c'eft une caufe extrêmement étendue de la rareté du numéraire, que le foin de l'économifer ou de le retirer de la circulation, par la vente des effets de porte-feuille.

A ces deux Caufes générales, l'une d'une moindre introduction, l'autre d'un plus grand encaiffement de numéraire, fi vous joignez celle d'une exportation continuelle, fort fupérieure à l'importation, vous ferez moins étonnés de la rareté du numéraire, que vous ne ferez furpris de ce qu'il fournit encore à tous nos premiers befoins.

La Ville de Paris ne produit rien que l'induftrie de fes Habitans. Elle dépenfe environ 800 mille livres par jour, pour la Subsistance, le chauffage, l'habillement & les autres besoins des Citoyens. Elle doit donc payer, journellement, cette somme aux pays qui les fournissent.

Sa Recette est composée :

1° Des Rentes sur les effets publics ;

2° De ce que le dehors doit à l'industrie de ses Habitans.

3° Des revenus que ces Citoyens tirent des biens-fonds qu'ils ont dans les Provinces.

Ses principaux Citoyens, ceux qui ont le plus des propriétés foncières, dépensent aujourd'hui ce revenu en Province ou chez l'Etranger. Nous avons vu que l'industrie est dans l'inaction, & qu'elle ne peut servir que foiblement à payer au dehors. Les Rentes sur les effets publics ne se reçoivent qu'en papier ; de sorte qu'il paroît difficile que les deux premières branches de Revenus, étant diminuées, la troisiéme représentée par le papier ne soit bientôt dans une trop grande disproportion avec le numéraire de la Capitale, parce qu'elle ne peut payer, au dehors, qu'avec les deux autres sources des richesses devenues très-insuffisantes par les circonstances.

Si les dépenses de l'Etat n'étoient pas payées avec du papier, on ne s'appercevroit pas de cette rareté pour les échanges de la vie, on vivroit plus pauvrement, parce que les sources des richesses sont suspendues. Chaque besoin étant représenté par un numéraire réel, la circulation ne seroit jamais interrompue ; sa lenteur rendroit le Corps politique languissant ; mais ses Membres ne seroient pas menacés de la dissolution, là où un sang qui paroît imaginaire feroit fubftitué à celui qui feul peut vivifier la machine, parce que feul il a une valeur réelle & naturelle, indépendante du caprice & de l'imagination des hommes.

Ceci nous conduit naturellement à expofer les Caufes de l'exceffive abondance des Billets de Caiffe, & les motifs qui les rendent utiles & mêmes néceffaires aujourd'hui.

Nous les réduifons à trois : befoins du Gouvernement ; befoins du Commerce ; circonfcription de leur circulation par l'enceinte de Paris.

Je dis que les befoins du Gouvernement nous rendent néceffaires, cette immenfe quantité de Billets qui nous affligent, & ce mot de *befoin du Gouvernement* ne fignifie plus heureufement aujourd'hui, le befoin de fatisfaire une troupe de Vautours qui affigeoient la Cour, s'emparoient de la Subfiftance des Peuples, & n'envahiffoient le tréfor public que pour vous accabler plus infailliblement fous le joug du Defpotifme. Les befoins du Gouvernement font aujourd'hui les vôtres. C'eft votre pain, votre fubfiftance, vos revenus qui conftituent ces befoins. Le Tréfor National, devoit être abondamment fourni, pour y pourvoir ; mais ce Tréfor National, deftiné aux dépenfes de l'Etat & aux paîmens de fes Créanciers, a été volé, & il l'eft tous les jours. De vrais *brigands*, car quel autre nom donner à des hommes qui, dans un Etat libre, nous enlévent la cotifation commune ; de vrais brigands tariffent les fources de votre profpérité ; ils vous fruftrent, à main armée, des fubfides dont l'Affemblée Nationale avoit ordonné la continuation ; & ils entretiennent l'Anarchie dans laquelle le Defpotifme nous a entraînés.

Des Criminels de lèse-Nation ont osé essayer, contre la Nation elle-même, la force publique qui devoit nous protéger ; & ils l'ont presque brisée & anéantie contre les généreux efforts que vous avez faits pour conquérir la Liberté. Cette force n'a plus, en conséquence, l'activité nécessaire pour la conservation de l'Impôt. Nos ennemis ne l'ont que trop senti, & c'est pour cela qu'en attendant qu'ils puissent employer la force ouverte, qu'ils ont tentée inutilement jusqu'à ce jour, ils essayent tout ce que la méchanceté peut leur suggérer de plus criminel pour arrêter ou renverser l'édifice de la Constitution.

Déjà vous les aviez vu se réunir, non pas avec le Peuple, non pas avec les Pauvres du Peuple, car l'honnêteté est bien plus le partage de la Pauvreté que des richesses ; mais avec la plus vile populace, c'est-à-dire, avec cette boue de la Société qui ne vit que de crimes. Leur cohorte bien alliée, bien unie avec cette vile Canaille, a cherché tous les moyens de vous ramener, par l'Anarchie, au Despotisme le plus affreux ; celui des insurrections contre la Loi. Aujourd'hui, ils espèrent trouver dans l'anéantissement de l'Impôt, le moyen de renaître de leurs cendres, & de culbuter la Société qui les réprouve.

Que falloit-il faire en pareil cas ? Sacrifier la France entière aux malheureux succès de nos Ennemis, réduire, sur-tout, la Capitale aux abois, en cessant de lui payer la plus grande partie de ses revenus. Cesser également les payemens des Troupes & du Gouvernement, c'auroit été le vœu de nos Ennemis, le complément de leur succès.

Mais ils n'ont pas encore réussi par ces odieux moyens. Il ne falloit, pour les déconcerter entièrement, qu'arriver au moment de l'ordre général; c'eft pour en avoir le temps que l'Affemblée Nationale a fagement fubftitué les billets aux impôts qui vont être inceffamment rétablis & mis en vigueur par les Municipalités & les Départemens.

Ces Billets ne font pas comme nous paroif-fions le redouter, il n'y a qu'un inftant; ils ne font pas une repréfentation fictive de vos ri-cheffes : ils ne font pas l'effet d'un coup de Def-potifme d'un Gouvernement qui vole la Répu-blique, en lui préfentant des chimères pour la réalité. Ils font le gage de votre liberté, l'affûrance de votre tranquillité, votre feul moyen provi-foire de fubfiftance; & ils font de plus la repré-fentation des biens - fonds réels du Domaine du Clergé, dont la vente eft deftinée à les éteindre. Ce ne font donc point des valeurs illufoires que vous avez dans les mains; ce font des valeurs réelles qui vous repréfentent auffi réellement un bien-fond, un immeuble que l'argent avec le-quel vous l'achetez; puifqu'il eft deftiné à vous en rendre propriétaire. Ces Billets font au-jourd'hui de vrais Contrats, de vrais Titres de Terre que les Citoyens fe paffent de main en main, & avec lefquels ils font tous leurs échanges. Ainfi la malice de nos Ennemis eft déjouée, & nous avons le temps d'attendre une parfaite ref-tauration de l'ordre public.

Que la quantité ne nous effraie point; elle a été limitée par l'Affemblée Nationale; & ces limites ne paffent point l'étendue de leur valeur. Vous avez, pour ces Billets, l'hypothéque la plus étendue.

Vos Commiffaires ne doivent pas vous taire qu'ils ont partagé, avec le Public, l'effroi d'une trop abondante circulation, bien avant que l'Affemblée Nationale eût décrété la quantité qui en feroit fournie an Tréfor-Royal. Un Ecrivain célébre avoit annoncé qu'il y en avoit plus de trois-cents millions en circulation. Nous favions bien que l'Affemblée Nationale avoit nommé des Commiffaires, dont le rapport avoit détruit cette inculpation : mais nous ne crûmes pas que cela fût fuffifant pour les vôtres ; & nous eftimâmes qu'il étoit de notre devoir d'approfondir par nous-mêmes ce qui concerne la quotité des Billets en émiffion. En conféquence de la première Conférence que nous eûmes avec Meffieurs de la Caiffe d'Efcompte, nous voulûmes favoir quels étoient leurs moyens de conftater cette quotité ? Nos Livres, répondirent - ils : « Mais vos Livres, leur fut--il répliqué, vous les conftruifez comme vous le voulez ; & , fi vous avez intérêt de nous donner un Papier--monnoie qui ne repréfente aucune valeur réelle, vous pouvez n'y point inférer ce que le Public auroit intérêt de favoir. Nous croyons bien que vos Livres Publics font d'accord avec vos Déclarations publiques ; mais n'auriez-vous pas, comme l'ancien Gouvernement, quelques-uns de ces Livres rouges deftinés pour les myftères de votre Adminiftration ; & , fi votre Papier -monnoie fans valeur finale ne fe trouvôit écrit que fur de tels livres, où en ferions-nous de n'avoir pris les preuves de vos affertions que dans vos Livres Publics » ?

Il falloit, pour de tels argumens, que vos Commiffaires abandonnaffent, pour un inftant, cette réferve qui empêche des gens de bien d'inculper, groffièrement & fans preuve, une Adminiftration compofée des premières maifons de Commerce de la Capitale. De pareils foupçons font durs à communiquer, & les âmes honnêtes fe refufent à les recevoir; mais il falloit que le Bien public l'emportât fur de telles confidérations. Nous étions bien convaincus que des hommes honnêtes ne pouvoient s'offenfer de la crudité de nos argumens, & que nous n'avions aucuns ménagement à garder avec ceux qui ne le feroient pas.

La réponfe des Adminiftrateurs fut fans réplique : » Si nous avons des livres rouges, nous dirent-ils, quelques uns des Billets en circulation feroient infcrits fur ces livres rouges , & ne le feroient pas fur les livres publics ; envoyez-en chercher dans tout Paris ; s'il s'en trouve aucun, dans ce cas nous confentons à tous les effets de la vindicte publique». Ils furent pris au mot : un de vos Commiffaires , avoit , dans fon portefeuille, une demi douzaine de billets de différente valeur, de différentes dates ; ils furent confrontés avec les livres , & l'accord le plus parfait fe trouva entre ces Billets & leur enregiftrement.

Vos Commiffaires virent bien qu'il n'y avoit plus rien de raifonnable à oppofer à l'adminiftration de la Caiffe , touchant la quotité des Billets en émiffion. Néanmoins ils ne s'en tinrent pas là.

Nous voilà bien convaincus , dirent-ils à l'Adminiftration de la Caiffe-d'Efcompte , que l'intégrité la plus parfaite régne dans l'émiffion de vos Billets ; mais plus vous nous infpirez de confiance , moins vous devez avoir de peine à vous foumettre à des Loix qui ne laifferoient aucune prife à la plus foible inculpation contre votre délicateffe. Pourquoi n'admettez-vous pas une forme juridique & publique pour l'émiſſion des Billets ? Un Balancier qui n'eſt jamais en mouvement que ſous les yeux de votre Adminiſtration, donnera toujours priſe à la défiance. Les hommes raiſonnables auront beau regarder comme impoſſible que douze ou vingt-quatre des premiers Capitaliſtes veuillent ſe conſtituer en faux-monnoyeurs, avec tous les riſques d'être découverts par ceux qui leur ſuccéderont, d'autres ſoutiendront que cela eſt poſſible ; pourquoi ne pas environner l'émiſſion de vos Billets de ces formes publiques deſtinées à tranquilliſer la Société.

Auſſi-tôt l'un des Adminiſtrateurs propoſa l'établiſſement d'un timbre judiciaire qui ſerviroit à remplir nos vues. Sa propoſition fut agitée entre les autres Adminiſtrateurs, de manière à nous ſatisfaire. Il appartiendra à la ſageſſe de l'Aſſemblée-Nationale, & à la vôtre, Meſſieurs, de déterminer dans quel temps il ſera à propos de ſeconder, ſur ce point, la propoſition des Adminiſtrateurs de la Caiſſe-d'Eſcompte. Nous croyons devoir vous obſerver que, s'il ſe prend quelque parti, à ce ſujet, l'exécution ſera exempte de tout inconvénient, dans des temps moins orageux que ceux où nous ſommes.

Nous-nous ſommes donc aſſûrés, Meſſieurs, d'une choſe très-importante ; que la quotité des Billets en émiſſion, ne pourroit jamais excéder les bornes preſcrites à la Caiſſe-d'Eſcompte, par l'Aſſemblée-Nationale, c'eſt-à-dire qu'ils repréſenteront toujours ou les Biens-fonds des Gens de main-morte, juſqu'à la concurrence ſeulement des Aſſignats donnés par l'Aſſemblée-Nationale, ou qu'ils repréſenteroient les valeurs réelles du Commerce,

Commerce , au niveau des Lettres-de-change ;
& autres obligations dont la repréſentation finale en marchandiſes , eſt inconteſtable. Mais la
néceſſité indiſpenſable des Billets de la Caiſſe-
d Eſcompte , pour repréſenter momentanément
les ſubſides non payés par les Provinces , con-
duiſant à en émettre une quantité , dont la maſſe
eſt très-conſidérable , nous avons examiné s'il ne
ſeroit pas poſſible de retirer de la circulation tous
ceux qui ne ſont que la repréſentation des effets
du Commerce.

Ici , Meſſieurs , les plus hautes conſidérations
s'y ſont oppoſées. Le Commerce de Paris , de la
France entière eſt , vous ne le ſavez que trop ,
dans une langueur qui ne peut s'exprimer. Les
échéances ſont arrivées pour preſque toutes les
marchandiſes entrées dans la Capitale ; il ne s'y
en eſt fait aucune conſommation. Ces échéances
concourent néceſſairement avec celles des Fabriques qui nous fourniſſent ; elles ont beſoin ,
comme nous , de ſoutenir leur crédit ; que feront-
elles pour cela ? Ecraſeront-elles le Débitant de
Paris , qui trouve à peine ſa ſubſiſtance dans ſon
débit journalier ? Non , elles ſçavent que nous
ſommes dans un moment de criſe ; que nous
eſpérons un état de calme & de proſpérité. Elles
l'eſpèrent , comme nous ; elles partagent avec nous
nos peines , & cherchent même à les adoucir ,
en donnant aux Débitans un délai proportionné
aux retards de la vente ; mais comment font-
elles , même pour ſe paſſer de ce délai , ou pour
en accourcir les longueurs ? Le crédit ſeul y ſup-
plée. Des Lettres-de-change , à pluſieurs uſances,
ſur Paris , rendent les Fabriques en état de faire
face à leurs engagemens ; le crédit que leur

B

accordent les Banquiers , les fauve des grands inconvéniens des retards. Ce crédit eſt accordé
d'autant plus aiſément aux bonnes maiſons de
Fabriques , que les Banquiers ſavent qu'elles ont
des valeurs réelles. Les Lettres-de change ſur ces
Banquiers , deviennent des anticipations de recette qui alimentent encore les ouvriers qui ne
ſe reſſentent que trop de la langueur univerſelle.
La Caiſſe d'Eſcompte intervient avec ſes billets ,
pour rendre circulable , comme monnoie , des
Effets de Commerce , qui, dans des tems auſſi
durs, reſteroient inutilement dans les porte-feuilles , & les Ouvriers de nos Provinces ſubſiſtent ;
les Fabriques qui les nourriſſent , ne ſont pas
détruites , & nous vivons encore nous-mêmes ,
parce que ces billets donnent ce ſecours au Commerce.

Ceux qui ignorent ces détails , croyent que
rien n'eſt plus facile que d'anéantir , tout-à-coup ,
les eſcomptes qui ſont faits au Commerce. Nos
ennemis ſollicitent vivement cette violente ſe-
couſſe. Votre Aſſemblée eſt trop ſage , pour ne
pas ſentir la néceſſité de l'éviter.

C'eſt donc une conſéquence des dures circon-
ſtances où nous ſommes, & une conſéquence mal-
heureuſement trop vraie, que la néceſſité , & la
néceſſité la plus abſolue, nous conduit inévitable-
ment à la diſproportion. Paris a vu circuler dans ſon
ſein, ſans s'en appercevoir, 125 millions de Billets,
& il n'en exiſte guères aujourd'hui que 140 millions ; mais les intrigues , les clameurs excitent
la méfiance. Les eſpéces ſortent de la circulation ;
on les remplace par des Billets ; & ce qui étoit
inſenſible , en tems de paix , devient un poids
énorme dans le trouble où nous ſommes.

On peut croire que c'eſt la facilité avec laquelle les Billets de Caiſſe avoient circulé dans Paris, qui a déterminé l'Aſſemblée-Nationale à en circonſcrire la circulation par l'enceinte de nos murs ; mais de plus hautes conſidérations ont encore influé ſur cette déciſion ; elle ſavoit que des ennemis ne diroient pas que ce papier n'eſt pas un papier-monnoie, mais un véritable titre de propriété ſur les Biens Nationaux, dont la vente va s'opérer inceſſamment ; elle ſavoit qu'ils le préſenteroient ſous les couleurs les moins favorables à des hommes qui ne ſont point accoutumés à voir circuler des Titres, des Contrats, ou des Lettres-de-change ; en place de monnoie, & la haute prudence de l'Aſſemblée, l'a déterminée à prévenir tout effet de la méchanceté de ſes ennemis, en renfermant, dans l'enceinte de la Capitale, une circulation momentanée de Billets, dont l'anéantiſſement prochain remédiera à tous nos maux, ou dont l'émiſſion dans les Provinces, ſi jamais elle étoit jugée néceſſaire, ſeroit précédée de tous les motifs qui la feroient admettre avec confiance.

Telle eſt donc aujourd'hui, Meſſieurs, notre ſituation ; pas aſſez d'eſpéces, trop de Billets, & de grands inconvéniens, qui ſont la ſuite de leur proportion. Nous ne vous avons rien diſſimulé, parce que, ſi nos maux ſont grands, votre Patriotiſme eſt encore plus grand, & qu'il doit fournir des reſſources qui répondent à la dignité des hommes qu'il anime. Nous allons, maintenant, vous rendre compte des remédes qu'on propoſe à ces maux.

SECONDE PARTIE.

Remèdes proposés.

ON voit, par l'exposé que nous venons de faire, que le seul remède véritable est le paiement exact des Impôts dans toutes les Provinces. Ce remède ne doit point être éloigné. Malgré les efforts contraires, la force publique paroît reprendre, tous les jours, de la vigueur ; le Patriotisme des Gardes-Nationales se manifeste de plus en plus ; leur fermeté, leur persévérance déconcertent tous les projets de nos Ennemis & donnent des motifs raisonnables d'espérer la stabilité de la nouvelle Constitution.

Mais, en attendant l'époque d'un ordre parfait, il faut pourvoir aux maux présens. Il a été pourvu au défaut d'Impôts pour la substitution des Billets ; mais quel remède apporter aux suites fâcheuses de la grande disproportion de ces Billets avec le Numéraire qui circule actuellement dans Paris : voilà la grande, la difficile question. Nous vous rendrons compte de ce qui a été proposé ; &, après vous avoir exposé ce qui peut l'appuyer ou le combattre, vous appercevrez ce qui vous donnera les plus solides espérances, & vous serez à portée d'asseoir une décision convenable aux circonstances.

Le premier de ces Projets, celui qui vous a été proposé par le District de l'Oratoire, & qui a été appuyé par quelques autres Districts, consiste à mettre, en circulation, un certain nombre de Billets au-dessous de 200 livres, afin que, rendant moins nécessaire le Numéraire en espéces, les Billets se remettent plus promptement au pair avec l'argent.

Ce Projet paroît très-fimple ; il a quelque chofe de plaufible ; vos Commiffaires même ont commencé par croire qu'il étoit indifpenfable de l'adopter ; mais, après l'avoir plus profondément examiné, ils ont reconnu qu'il pourroit nous expofer aux plus grands dangers.

1° On leur a premièrement obfervé qu'il tendoit à rendre l'argent plus rare que jamais, parce que ceux qui en mettent aujourd'hui dans la circulation, pour quel que motif que ce foit, le conferveroient avec plus de foin, & que plus l'argent paroîtroit rare, plus il le deviendroit par les fuites d'un accroiffement de méfiance in-commenfurable.

2° Que ces Billets, étant appliqués aux achats des chofes les plus néceffaires à la vie, & paffant bientôt dans les mains les moins fortunées, deviendroient le feul échange que nos Fourniffeurs auroient à donner aux Provinces, lefquelles, refufant de les recevoir, nous mettroient dans un plus grand embarras.

3° Que de tels Billets, dans les mains des mal-intentionnés, fourniroient des prétextes continuels aux émeutes ; que ceux qui ont été déjà ftipendiés par nos Ennemis viendroient en foule avec de tels Billets, chez des Bouchers, des Boulangers, leur demanderoient des échanges continuels de ces Billets contre du Numéraire ; ces Fourniffeurs, bientôt épuifés de Numéraire, feroient dans l'impoffibilité de l'échange, non-feulement envers ces mal-intentionnés, mais encore envers les Citoyens les plus honnêtes ; de-là des querelles, des altercations, des prétextes de tumulte d'autant plus difficile à écarter qu'ils ont, pour objet, les befoins les plus effentiels de l'homme.

Le premier Miniftre des Finances, vivement affecté des befoins de la Capitale, a propofé de remédier à cet inconvénient en faifant payer ces Billets, à Bureau ouvert, par la Caiffe d'Ef-compte: mais telle eft la dureté des circonftances, que les meilleures propofitions, dans un temps de Paix, font celles dont on abufe le plus dans un temps de troubles. M. Necker a bientôt apperçu lui-même que ce reméde deviendroit nul par l'adreffe de nos Ennemis; que le même homme qui fe feroit procuré ces Billets dans un Bureau les échangeroit, dans l'inftant, contre de l'argent; ce qui fourniroit aux Vendeurs d'argent une plus grande facilité d'accaparer le Numéraire, & priveroit la Société de cet avantage; de forte que la conclufion de ces réflexions a été que, bien loin de rembourfer ces petits Billets, à Bureau ouvert, il faudroit, au contraire, s'ils avoient lieu, ne les poinr rembourfer jufqu'à l'époque où les autres le feroient.

Cetre conféquence a encore été appuyée par une autre réflexion; c'eft qu'une diftribution abondante de ces Billets améneroit, dans les commencemens fur-tout; une demande très-abon-dante d'efpéces en échange; ce qui occafionne-roit ces attroupemens que la Police a cru de fa fageffe de prévenir, en faifant diftribuer, par le Lieutenant-de-Maire des Etabliffemens-Publics, les fommes que la Caiffe a pu fournir jufqu'à ce jour. Ainfi, s'il étoit jamais néceffaire de les établir, il ne faudroit penfer à les rembourfer que lorfqu'ils pourront l'être tous à-la-fois par toutes les Caiffes de Paris, qui, ayant reçu, à Bureau

Ouvert, les Billets de 1000 livres, pourroient prendre à volonté ceux au-deſſous de 200 liv., qu'on arrêteroit par cette raiſon de ne rembourſer ces petits Billets à la Caiſſe d'Eſcompte qu'à ceux qui en préſenteroient une quantité aſſez conſidérable pour ne pas multiplier les attroupemens.

Une conſéquence très-fâcheuſe de ces petits Billets ſera encore, qu'ils néceſſiteront des Billets de très-petites ſommes, peut-être des Billets d'un écu par la néceſſité abſolue de mettre les Fourniſſeurs des alimens en état de rendre, à toute réquiſition, l'échange d'un Billet de 25 liv. fourni par le Pauvre & l'Ouvrier. Aucun de ceux qui ont propoſé cette circulation de petits Billets n'a certainement prétendu qu'ils pourroient s'étendre juſques-là. Des Billets de 25 livres circuleroient ſans péril dans un temps où ils ne ſeroient établis que pour la commodité, & non pour la néceſſité, mais à une époque où ils ſeroient créés, parce que les Impôts n'étant pas exactement payés, nos rentes ne le ſont qu'en Papier; on ne voit pas de poſſibilité de répondre à tous les beſoins de la Société ſans étendre les petits Billets juſqu'à la ſomme de l'écu, la petite Monnoie pouvant être aſſez abondante pour faire le ſervice au-deſſous.

Encore une réflexion qui ajoutera aux motifs contre cette émiſſion de petits Billets. Nous avons vu, dans la première Partie de ce *Rapport*, les cauſes de la rareté de l'eſpéce; la principale cauſe eſt la néceſſité de payer en écus aux Provinces, tandis que nous recevons, à Paris, une grande quantité de notre Revenu en Billets. Les écus étant plus reſſerrés que jamais par l'émiſſion de ces petits Billets, avec quoi payerons-nous les

Provinces, les Campagnes? Croyez-vous que vos Marchés seront pourvus, lorsqu'on y verra paroître ce que le Peuple aura bien de la peine à regarder comme une propriété foncière? Cependant ces Billets entre les mains du Pauvre y seroient certainement portés; que n'aura-t-on point à craindre dans ces lieux d'assemblées publiques dont les premiers des besoins sollicitent la plus parfaite tranquillité.

Quelqu'un avoit comparé ces Billets à une Monnoie obsidionale, que les circonstances rendent nécessaire; nous avons, disoit-on, une circonvallation apposée à nos murs par le Décret de l'Assemblée Nationale; elle a renfermé les Billets de Caisse dans leur enceinte; les raisons les plus puissantes l'y ont déterminée. Il faut donc faire, comme dans une ville assiégée, frapper une petite Monnoie destinée à nos besoins pendant la durée du siége; elle sera la première remboursée aussi-tôt que nous aurons remporté la victoire. Cette comparaison, qui ne détruit rien de ce que nous avons dit s'opposer à la circulation de ces petits Billets, nous fournit néanmoins l'occasion d'observer que ces Billets n'auroient pas même, pour nous, l'avantage d'une Monnoie obsidionale.

En effet, une ville assiégée contient dans son sein toutes les provisions qu'elle peut employer; la Monnoie obsidionale ne s'y échange donc que contre ce qui y est renfermé. Or, en pareil cas, les Citoyens peuvent & doivent même recevoir du Gouvernement un titre, un contrat qui leur assûre la valeur des objets qu'ils auront donnés aux Soldats employés pour la défense de la Place; c'est ce que la Monnoie obsidionale remplit par faitement; &, comme tous ceux qui en font ufage font renfermés dans la même enceinte, avec les objets de leurs échanges, rien n'empêche que ce titre n'ait pour eux toute valeur. Mais, ici, Meffieurs, les Citoyens font dans la ville, & les objets d'échange n'y font pas : dans la ville affiégée, les Vendeurs & les Acheteurs font fous la même Loi ; dans Paris, les Acheteurs feront obligés à la Monnoie obfidionale, & les Vendeurs ne font point tenus de la recevoir. Nous avons cru devoir vous faire entrevoir cette différence qui eft effentielle, afin de vous faire appercevoir l'étendue des raifons qui militent contre l'exiftence des Billets au-deffous de 200 livres, dans l'hypothèfe de la feule circulation intérieure.

Nous avons vu qu'une des caufes de la rareté du Numéraire, étoit la méfiance qui déterminoit à faire rentrer dans la circulation des Billets de Caiffe qui étoient auparavant renfermés dans les Porte-feuilles. On a propofé, pour combattre efficacement cette méfiance, d'attacher un intérêt aux Billets, proportionnel à l'époque de leur rembourfement en efpèces. Les hommes qui encaiffent, a-t-on dit, voyant de l'argent mort dans leurs coffres, facile à remplacer par des Billets dont la valeur s'accroît tous les jours, préféreront ces derniers aux efpéces, & la rareté du Numéraire en fera d'autant moindre. Une réponfe à cette confideration, qui nous a paru fans réplique, c'eft que ceux qui encaiffent des efpéces ont un moyen continuel de les remplacer par des Effets publics, qui rapportent plus que ces Billets ne rapporteroient ; cependant ils préfèrent un argent mort à ces Effets publics. Rendez aux Effets publics la confiance, & vous n'aurez pas befoin de préfenter aux gens timides des motifs d'intérêt fur vos Billets.

Mais, a-t-on ajouté, fi ce ne font pas les Capitaliftes qui feront fortir l'argent de préférence aux Billets, ce fera au moins les Caiffes de Commerce qui, dans leurs payemens, donneront toujours les efpéces, de préférence, à caufe de l'accroiffement d'intérêt dont les Billets font fufceptibles; de forte que les efpéces qui reftoient en fonds de Caiffe en fortironr, & remplaceront toujours les Billets d'autant.

Eh, Meffieurs, les Caiffes de Commerce! Elles ne font que trop vuides : elles n'ont ni Billets ni efpéces : ells s'arrangent, tant bien que mal, pour leurs paiemens ; elles vuident leurs portefeuilles à gros frais, & ne chercheront pas à garder des Billets de Caiffe, qui leur rapporteront toujours moins que leur porte-feuille ne leur coûte à vendre. Elles tâchent de n'en vendre que le jufte néceffaire, ne mettent en Caiffe que le moins qu'elles peuvent; non pour ne pas avoir de l'argent mort, mais pour n'en pas avoir qui leur ait trop coûté. Ainfi, Meffieurs, le fonds de Caiffe de Commerce n'eft rien.; celui de la Banque n'eft pas beaucoup ; &, avec des Caiffes toujours vuides, l'accroiffement de l'intérêt des Billets ne nous donneroit pas d'efpéces.

Ce n'eft pas tout : cet accroiffement gêneroit fingulièrement le Commerce ; car, ou l'accroiffement d'intérêt feroit proportionnel au nombre des journées écoulées; ou il ne naîtroit que périodiquement & par faut, d'époque en époque, de femaine en femaine, de dix jours en dix jours, de mois en mois, ainfi que cela a été propofé. Dans le premier cas, qui eft le plus

naturel, les porteurs & receveurs de Billets devroient toujours avoir la plume à la main pour
le calcul des paiemens. En vain, diroit-on, qu'on
fera un livre pour eux ; tout Paris ne l'achétera
pas. Les Citoyens qui n'entendent rien au calcul
de Banque , ne pourroient faire ces Recettes
fans inquiétude ; il faudroit que les Domeſtiques,
les Employés quelconques aux recettes y fuſſent
initiés ; la difcuſſion de l'intérêt d'un feul jour
pourroit faire perdre un tems confidérable ; on
verroit des Citoyens fe quereller pour un calcul
de *cinq fols* , & paroître pour cela devant des
Juges. D'ailleurs , comment fe tirer d'un paiement dans les Caiſſes confidérables ; jamais la
journée d'échéance ne fuffiroit ni aux recettes
ni aux paiemens.

Une partie de ces raifonnemens peut s'appliquer aux accroiſſemens périodiques ; mais ils
ont encore des inconvéniens particuliers. Ils oc-
cafionnent des pertes réelles à des payeurs qui
font obligés de payer entre les époques. Pourquoi , par exemple , un paiement que je ferai le
29 , me fera-t-il perdre 4 pour cent fur la maſſe ,
tandis que je ne l'aurai pas perdu en faifant mon
paiement le 30 ? Faudra-t-il que le Commerce
de Paris écrive à toute la France , à toute l'Europe , de choifir ces époques abfolument déter-
minées pour les échéances ?

Il y a plus, l'acheteur , fachant que l'accroiffement périodique donne une plus grande valeur
aux Billets , ne voudra pas attendre que la pé-
riode foit achevée. Il voudra que le Commerce
lui tienne compte au moins des jours écoulés
jufqu'à fon paiement. Les Acheteurs du papier
du Commerce feront les mêmes calculs , de forte

que, de toutes manières, cette invention tour-
nera au préjudice du Commerce.

Mais ce qui en décide plus positivement la
non-exécution, c'est que les assignats étant des-
tinés, par l'Assemblée-Nationale, à être substi-
tués aux Billets de Caisse, l'accroissement d'intérêt, dont les assignats sont susceptibles, étant
un motif de les prendre en échange, si les Billets
de Caisse ont la même propriété que les assignats;
ceux-ci ne se vendront pas, & nous serons toujours écrasés par l'énorme masse de Billets. Le
moyen de donner un accroissement d'intérêts aux
Billets, est donc inutile, puisqu'il ne fera rien
rentrer en circulation. Il est de plus nuisible au
Commerce, à ses bénéfices; il contribue de plus
à détruire efficacement ses négociations.

Nous avons vu, dans la circonstance présente,
combien le besoin d'escompte étoit urgent pour
le Commerce; nous avons vu, de plus, combien
la Caisse d'Escompte étoit utile, dans cet instant,
pour y répondre. Vous allez vous convaincre
que l'accroissement d'intérêt aux Billets de Caisse,
détruiroit cet escompte, pour les cas les plus
pressants. Les Capitalistes accoutumés à escomp-
ter ce papier public, dont ils sauront, mieux que
personne, que la valeur est au-dessus de tous
les Effets des Particuliers se rendront plus
difficiles dans les escomptes, où ils ne seront plus
déterminés que par un bénéfice moitié moindre
que par le passé. Ils ne prendront plus les petits
Effets des Débitans de Paris, que la Caisse n'escompte jamais, parce qu'elle ne peut les connoître. Un motif de tranquillité les déterminera
à garder des Billets de Caisse lucratifs; & voilà
une partie des Magasiniers de Paris, qu'on met-

tra dans l'embarras pour leurs payemens, ou bien il faudra qu'ils fe réfolvent à pourfuivre des Débitans qu'ils favent ne faire aucune recette. Vous voyez donc, Meffieurs, que de fortes raifons s'élévent contre ce fecond moyen, & qu'il ne préfente aucun avantage affûré.

Il y a des gens qui, pour diminuer l'abondance des Billets en circulation, vont plus directement au but. Il exifte, difent-ils, de l'argent dans les Caiffes; il faut les aller vifiter, le prendre, & mettre des Billets en place. Vous avez tous oüi dire, Meffieurs, que ce moyen fut employé lors de l'agiot, par de certains hommes mafqués, qui arrêtèrent la Diligence de Lion, en vuidèrent la Caiffe, & y fubftituèrent très-fidélement une fomme de Billets de Banque, égale aux efpéces qu'elle contenoit. Nous croyons avoir folidement réfuté cette propofition, de vous l'avoir expofée. Si elle n'avoit pas été faite dans l'Affemblée-Nationale, qui l'a rejettée avec indignation, nous ne la rappellerions pas ici. Mais il eft bon que les têtes bien organifées, qui nous entendent, fachent que vous rejetteriez cette propofition, avec autant d'horreur que l'Affemblée-Nationale, & que fi un auffi odieux moyen a été employé fous le defpotifme de 1720; s'il y a été défendu alors d'avoir au-delà d'une fomme d'argent déterminée dans fa maifon, fi ce fût en conféquence une époque où les efpéces s'enterrèrent, où la circulation fût arrêtée, où la Société fut renverfée, rien de pareil ne fera jamais à craindre chez un Peuple libre, dont le premier caractère eft d'avoir horreur de tous les excès des Tyrans.

C'eft à l'effet de fe procurer une circulation plus abondante, dans la Capitale, qu'il s'y eft élevé une demande prefque générale, de contraindre la Caiffe-d'Efcompte à donner, tous les jours, une fomme déterminée d'efpéces, en échange de fes Billets. C'a été le premier avis de vos Commiffaires. Un d'eux, avant que l'Affemblée s'occupât de cette affaire, en avoit fait la demande, avec inftance, dans le Bureau de Ville; &, dès leur première conférence, vos Commiffaires regardèrent ce moyen comme le plus efficace. Mais nous avons éprouvé fur cette queftion que, quand on ne s'arrête dans les affaires qu'aux premiers apperçus, on rifque de fe précipiter dans des abymes dont il feroit impoffible de fortir. Examinons donc cette Queftion par les principes, & voyons comme elle pourra être raifonnablement réfolue.

La Caiffe d'Efcompte ne peut diftribuer, dans la Capitale, que le Numéraire qu'elle peut fe procurer. Ce Numéraire n'eft que celui de la Capitale, celui des Provinces, celui de l'Etranger.

Dans la Capitale elle ne reçoit pas pour un fol dans fes paiemens. Les porteurs favent fi bien s'arranger, qu'ils lui démontrent, fin de compte, qu'ils ont dû en donner autant qu'ils en ont reçû; & cette affertion, vraie ou fauffe, eft d'autant plus impoffible à combattre, que les Adminiftrateurs leur recommandent de faire tous leurs efforts pour contenter tous les Payeurs. Il en réfulte que, dans fes recettes, elle ne reçoit que fon papier. Il ne lui refte donc, pour la Capitale, que la reffource d'acheter du Numéraire. Mais, Meffieurs, rien ne feroit plus déraifonnable, comme fes befoins feroient confidérables. 1° Au lieu de diminuer la maffe de fes

Papiers, elle ne feroit que l'augmenter ; 2° elle feroit encore baisser la valeur de ses Papiers ; ce qui préjudicieroit beaucoup aux autres porteurs.

La Caisse d'Escompte ne peut ni ne doit donc s'en procurer dans Paris. Ainsi il ne lui reste que la ressource des Provinces & de l'Etranger.

Par ces deux voies elle s'en procure certainement ; mais ce n'est que pour un temps , & ce sont des espéces qui doivent retourner finalement , avec profit , au pays d'où ils sont partis. Ce que la Caisse d'Escompte peut faire , ce qu'elle fait réellement , c'est qu'au moyen de ses opérations de Banque , elle attenue, le plus qu'il est possible, le Bénéfice qu'elle donne aux Provinces ou à l'Etranger. Mais , sur ce point , ses moyens sont bornés , & doivent être dirigés par la prudence & les circonstance. Telle place qui lui auroit foutni, dans un temps , des millions , ne peut lui donner 100,000 livres , dans un autre. Les opérations de cette nature se terminent toujours à des Traites sur la Capitale. Ces Traites ont des limites dont les bornes sont d'autant plus étroites que le Commerce a reçu de plus fortes atteintes de la secousse génerale.

Des événemens , même inattendus , viennent contrarier des opérations sur lesquelles on étoit de la plus parfaite tranquillité. La Caisse d'Es-compte attendoit , par exemple , plusieurs millions de la Hollande. La guerre survenue dans le Brabant a suspendu toutes ces sommes. Si la Caisse étoit forcée à une somme journalière déterminée , un pareil contre-temps répandroit une alarme funeste, & cependant il n'y a eu que suspension dans l'arrivée de ces fonds qui commencent à lui venir.

Les besoins de vos subsistances ont été énormes; ceux de la Garde Nationale, des Atteliers publics le sont aussi; il en faut faire la plus grande partie en espéces. Le Trésor-Royal en a d'autres non moins étendus, sur-tout dans un instant où presque tous les Impôts sont suspendus: la Caisse-d'Escompte est la ressource de ces parties. Nous sommes, il faut en convenir, à une époque de tempête politique. Que faire alors Ce qu'on fait dans un vaisseau que la tempête éloigne ou a éloigné du Port; on établit une grande économie, afin d'arriver au terme du voyage; on soutient les malades, de préférence à ceux qui sont sains, les foibles avant ceux qui sont forts, ceux qui travaillent à sauver le vaisseau avant ceux qui ne peuvent le secourir; & c'est par ces actes de prudence que tout le monde est sauvé. Voilà ce qu'il faut dans une grande Administration; voilà ce qui se fait avec le Numéraire de la Caisse d'Escompte. Cela se fera d'une manière plus avantageuse que par le passé, comme nous espérons vous le faire sentir, quand nous vous exposerons les remédes les plus efficaces au mal présent. Mais l'opinion de vos Commissaires est que rien n'est plus impolitique, rien n'est plus dangereux que d'obliger la Caisse à donner, tous les jours, une somme déterminée. La proposition en a été faite dans l'Assemblée Nationale, & n'y a pas été admise. Des Particuliers mal-instruits ont assûré que cette somme avoit été fixée. L'Administration de la Caisse nous nous a déclaré n'avoir jamais pris d'engagement à cet égard; & c'est parce que l'Assemblée Nationale en a senti le danger, que, dans les Décrets des 19 & 21 Décembre, elle n'en dit pas
un

un mot. La Caisse d'Escompte a donné tout ce qu'elle a pu, & nous sommes fondés à vous dire qu'elle donnera tout ce qu'elle pourra; les preuves s'en multiplieront par la continuation de notre Rapport.

Enfin, il y a des gens qui vont plus droit au but. Il faut faire la liquidation de la Caisse d'Escompte, la supprimer en entier, & faire disparoître, par-là, ses Billets de dessus la Place.

Eh bien, Messieurs, ces derniers vont être satisfaits; la Caisse d'Escompte ne demandera pas mieux; que ces expéditifs médecins veuillent bien lui procurer en espéces le 170 millions d'obligations du Gouvernement, dont son porte-feuille est garni, elle remboursera, en espéces, & à Bureau ouvert, tous les Effets représentatifs des obligations du Gouvernement, & même ceux du Commerce; &, avant deux mois, sa liquidation sera faite; le Commerce même, dans cette hypothèse, pourra se passer de la Caisse d'Escompte; car les 170 millions d'espéces que cette opération répandra sur la Place de Paris, y produiront un si bon effet qu'au défaut de la Caisse d'Escompte, les Capitalistes s'efforceront de mettre leurs fonds en valeur, par l'achat des Effets du Commerce. De plus, le Commerce recevra une telle fécondité de cette abondance de Numéraire, qu'il sera en état de se passer d'escompte. Mais ceci nous conduit à des réflexions qui paroissent nécessaires. Quoi ! tandis que l'Assemblée-Nationale se trouve heureuse d'employer un supplément aux Impôts, qui nous garantit d'une secousse universelle; tandis qu'elle préfère, à un papier monnoie décidé, & dont elle sent tous les inconvéniens, un papier qui a, depuis quinze ans, la confiance publique,

un papier , dont le remboursement total est décrété ; un papier qui est le titre réel des plus
belles possessions du Royaume , des voix s'élévent pour déranger son plan ; elles veulent détruire, anéantir subitement un établissement qui
devient ajourd'hui , pour un moment , au moins
celui de la Nation. Penser aujourd'hui à la liquidation subite de la Caisse d'Escompte , c'est
penser au bouleversement du Gouvernement ,
à la banqueroute totale , à la cessation de tout
ordre, & par là, certainement, à des malheurs
dont amis & ennemis , tous seroient victimes.

La Caisse d'Escompte se liquidera sans doute ;
oui elle se liquidera certainement , mais ce sera
lorsque l'ordre sera rétabli parrout ; lorsque les
Impôts seront parfaitement payés : cette époque
est prochaine , parce que l'achévement de la
Constitution est prochain ; mais cette époque ne
peut être subite , & c'est pour l'attendre qu'il
faut encore souffrir, pour un tems, des Billets ,
qui, s'ils ont pour nous l'amertume des remédes ,
en ont au moins les effets salutaires , puisqu'ils
nous conservent une existence qui , sans cela ,
seroit fort incertaine.

Nous disons que ces Billets sont une remède
amer , & d'autant plus amer , que cette amertume prend des accroissemens journaliers. Quoi
de plus amer , par exemple , que de ne les pouvoir échanger contre espéces , qu'avec une perte
considérable ? Quoi de plus amer que de ce qu'ils
occasionnent , dans les Provinces , une baisse
très-forte de change sur Paris , parce qu'on y
fait entrer le calcul de la baisse de ces Billets !
Qu'y auroit-il de plus amer encore que de voir

cette perte d'échange retomber finalement fur la Capitale, par la hauffe néceffaire des marchandifes, qui en feroit bientôt l'effet. Mais ce qui eft extrêmement amer, c'eft de voir s'introduire, dans la Capitale, un nouveau genre de commerce fi éloigné de la loyauté Françoife, dont les Agens ne voudroient qu'aggraver nos maux, au lieu de les foulager, & ne font dignes que de la flétriffure & de l'infamie, par l'efprit qui les anime. On les voit courir de maifon en maifon, folliciter la cupidité de ceux qui auroient eu horreur d'être feulement foupçonnés de partager leurs bénéfices, y mettre un prix à un numéraire qu'on échangeoit auparavant, avec toute confiance, contre des Billets ; aller même dans les routes, au devant des Rouliers, qui ont des Impôts à payer aux Entrées de la Capitale, leur fouftraire le Numéraire dont ils font porteurs, pour y faire un bénéfice, qu'on ne peut mieux comparer qu'à celui que faifoient ces Êtres avilis qui obftruoient, il y a quelque tems, les portes des Boulangers, pour y revendre bien cher, aux malheureux, que leur brutalité en écartoit, un pain qui faifoit leur unique fubfiftance.

De tels hommes font puniffables, parce qu'au lieu d'être animés par le bien public, ils afpirent au malheur public, pour augmenter de toutes manières leurs bénéfices fordides ; mais doit-on les punir, & la politique n'exige-t-elle pas que, les laiffant dans la boue & l'ignominie dont les couvre leur fordide métier, nous n'allions pas bouleverfer les comptoirs qu'ils ont érigés, convenablement à leur honteux trafic, dans les plus crapuleufes Tavernes. L'intérêt public n'exige-t- il pas qu'on jette un voile dédaigneux sur ces vils suppôts de l'avarice, comme on le jette sur la perversité encore plus dangereuse des infâmes victimes de la corruption de nos mœurs. Voilà les questions qui se présentent sur la conduite qu'on doit tenir à l'égard de ces nouveaux Acheteurs de Billets de la Caisse d'Ecomptes.

Si d'honnêtes Négocians se réunissoient pour nous tirer des espéces des Provinces & de l'Etranger, qu'ils ne nous demandassent que le compte de leurs déboursés, qu'ils y ajoutassent même celui de leur temps & de leur commission pour ce service qu'ils nous auroient rendus, nous n'aurions qu'à les remercier de nous avoir délivrés des vils Escrocs dont nous venons de parler, & nous ne leur reprocherions pas de nous demander un remboursement de leur temps & de leurs frais; mais la crainte d'être seulement sonpçonnés de partager les sentimens de ceux qui font aujourd'hui ce Commerce d'une manière si odieuse, les en écartera toujours. Nous manquerons donc toujours d'hommes honnêtes pour rappeller l'argent dans la Capitale.

Puis donc qu'il n'y a aujourd'hui qu'une cupidité, qui affronte l'avilissement, qui s'occupe de nous en procurer, il paroît qu'il y auroit des inconvéniens à l'en empêcher. L'activité même de ceux qui se livreront à ce Commerce, diminuera leurs profits, &, par contre-coup, nos pertes. Ce ne sera pas leur faute, il est vrai; mais n'importe; le résultat sera toujours en notre faveur, les bénéfices des premiers vont y entraîner toutes les âmes viles de la Capitale; & comme elles ne font qu'en trop grand nombre, leur concurrence augmentera nos espéces & diminuera nos maux.

Pourrions-nous, d'ailleurs, les en empêcher? Il est des actes, contre la Société, qui se dérobent à toutes les Loix; ceux-ci paroissent du nombre, ou sont les moyens de convaincre un Acheteur de Billets de les avoir pris au-deffous de leur valeur réelle. Si-tôt qu'il saura que les Loix le réprouvent, il prendra les précautions pour se souftraire à leurs atteintes; il n'aura jamais de témoins pour son marché; & pour lors toute inculpation contre lui ne le conduira qu'à un crime de plus, le parjure.

Autre inconvénient de la défenfe; elle n'influera que sur les plus timides de ces Trafiqueurs d'espéces; les autres n'en feroient que davantage les renchéris, & la perte sur les Billets ne feroit que s'accroître. Leur trafic paroît donc un mal inévitable, tant parce que la Loi qui l'interdiroit auroit des inconvéniens, que parce qu'elle ne pourroit être facilement exécutée.

Mais, Messieurs, nous ne pouvons vous taire que l'Adminiftration de la Caiffe d'Efcompte a été accufée de ce honteux trafic.

L'ordre que vos Commiffaires & ceux de l'Affemblée Nationale ont trouvé dans fes affaires, le vif intérêt qu'elle a à ce que ces Billets reprennent faveur, la crainte qu'elle a d'être engloutie dans un bouleverfement général, s'ils venoient à perdre tout crédit; l'impoffibilité où elle feroit de faire ce commerce fecrétement; tout cela a empêché vos Commiffaires de paroître abfurdes, & de préfenter une défiance dégoûtante, en demandant à cette Adminiftration d'autres preuves que fa dénégation contre une pareille inculpation. Si cependant il se trouvoit dans votre Affemblée quelqu'un qui ne fût pas convaincu qu'elle n'y prend aucune part, qu'il en sollicite d'autres preuves; qu'il se fasse rendre un compte exact, en votre nom, de tous les deniers qui sont arrivés à la Caisse d'Escompte, & de l'emploi qui en a été fait; si elle se trouve coupable du crime de l'avilissement de ses propres Billets, que ses Administrateurs soient poursuivis comme les Ennemis de l'ordre public, comme criminels de lèse-Nation, au premier chef; car il n'y a pas de plus grand crime contre la Nation, que des opérations qui tendroient au bouleversement de l'ordre social.

On a proposé, enfin, de défendre la sortie des espéces du Royaume, & même de Paris, afin d'en diminuer la rareté; &, par suite, la perte sur les Billets de Caisse.

Défendre la sortie des espéces du Royaume, à qui, Messieurs? aux Négocians qui doivent à l'Etranger; c'est, ce semble, leur ordonner de faire banqueroute. Ces moyens ont été tentés lors des Billets de Law. Ils ne réussirent pas alors. Les Négocians continuèrent à payer l'Etranger, parce que, quand un Gouvernement veut faire banqueroute, les Négocians ne la font pas; à moins que le Gouvernement ne les ait volés le premier. Défendra-t-on la sortie des espéces à ces Fugitifs qui les ont emportées? Ce qu'ils ont emporté n'y est plus; ce qu'ils emporteront, vous ne pouvez l'empêcher; car, quand vous le voudrez, ils sortiront les mains vuides; &, par des Lettres de Change, dont l'origine est due à une inquisition de cette nature, ils sauront bien se procurer tous les fonds dont on voudroit les priver.

Défendre la sortie des espéces, est encore

une de ces défenses absurdes , par l'impossibilité de leur exécution.

Dans le moment où le fisc avoit le plus de bras armés pour protéger ses Droits, ne sait-on pas qu'alors on faisoit entrer des bariques entières d'eau-de-vie par-dessus les Fortifications de la Ville de Lille ? Ne sait-on pas qu'alors on faisoit entrer des bœufs en contrebande dans Paris ? Et on voudra nous proposer des Loix prohibitives sur la circulation ! Rougissons de celles qui ont été portées sur cette matière. Rougissons de ce qu'il y a environ huit ans qu'une pareille Loi est encore sortie des presses de nos Ministres. Et , puisqu'à cette dernière époque, le même instant qui vit naître cette Loi , fut accompagné des ordres qui enjoignirent aux Commis des Frontières de ne pas l'exécuter, ne souillons pas les premiers jours de notre Liberté, par les Loix , au moins ineptes , du Despotisme Ministériel.

Il est temps enfin de ne plus s'occuper des moyens qui ne remédient à rien , ou qui augmentent le mal. Nous voici arrivés à ceux qui peuvent nous conduire jusqu'à l'heureux moment du bonheur public, soit en exténuant les sacrifices que nous faisons pour y parvenir , soit en nous conservant la paix & la tranquillité , pendant la durée de la crise , soit en assûrant le terme final de nos peines, & l'époque tant désirée de la félicité générale.

Le premier objet de nos soins a été de nous occuper d'une distribution plus heureuse des fonds en espéces de la Caisse d'Escompte que par le passé. Nous avons vu que celle imaginée ne donnoit lieu qu'à des clameurs , & ne satis-

C iv

faifoit perfonne; qu'il falloit attendre près de deux mois pour avoir fon tour; que les hommes qui avoient vraiment befoin en étoient privés; qu'elle pouvoit arriver, en grande partie, aux Accapareurs d'argent, & qu'ainfi le but de cette diftribution étoit manqué, & par conféquent l'ordre public toujours interverti.

Nous avons cru qu'il falloit s'attacher dans cette diftribution aux befoins les plus réels, & qu'en conféquence voici l'ordre qu'il falloit y fuivre :

1° Les Subfiftances qui ne fe peuvent payer qu'en efpéces ;

2° Les Travaux publics qui exigent une diftribution totale de même nature & qui employent tant de bras dont l'oifiveté feroit aujourd'hui dangereufe ;

3° La Solde des Troupes qui, par leur vigilance pour la garde du Vaiffeau, demandent toute préférence.

4° Les befoins du Gouvernement que les privations d'efpéces pourroit réduire à des crifes infiniment funeftes pour la France entière & la Capitale, en particulier.

5° Les Ouvriers & Artiftes de la Capitale, auxquels il faut procurer tous les avantages poffibles ;

6° Les Rentiers indigens dont il ne faut pas que le modique revenu foit expofé à des diminutions fur les payemens en Billets ;

7° Les Débitans auxquels la nature de Commerce procure peu de petits articles de vente, pour lesquels on ne propose pas des Billets de Caisse, & qui sont privées, par là, de la vente de certains articles, & dans cette classe, les moins fortunés à ceux qui le sont d'avantage.

Nous n'avons pas cru devoir nous occuper des fonds que la Caisse d'Escompte doit procurer aux Subsistances, aux Travaux publics & à la Solde des Troupes, aux besoins du Gouvernement. Ceux qui dirigent ces machines sauront s'arranger avec la Caisse d'Escompte, sans avoir besoin d'aucune intervention.

Les motifs qui nous déterminent à diriger la distribution vers les moins fortunés, nous déterminent à en écarter tous les Financiers, tous les Banquiers, tous les gros Négocians, tous les gros Capitalistes, & nous oserions presque dire tous ceux dont la Capitation sera de 50 livres & au-dessus, sauf ceux d'entr'eux qui seront exceptés de cette loi générale, par les articles suivans, parce que, s'il y a quelques sacrifices à faire pour se procurer des espéces, ils doivent être faits par des riches & non pas les moins fortunés.

1° Nous en excluerions tous ceux dont le Commerce améne, par petits articles, un numéraire abondant, tels que les Epiciers, les Pâtissiers, les Boulangers & tous les Débitans de commestibles, chez lesquels non-seulement on ne se présente pas avec des Billets de Caisse, mais dont quelques-uns sont accusés, par la clameur publique, d'en acheter beaucoup à ceux qui en font leur unique Commerce.

Après ces précautions, pour écarter de la distribution ceux qui, ou n'en ont pas besoin, ou qui sont en état de faire des sacrifices que les circonstances exigent , nous avons estimé que la Caisse d'Escompte fourniroit premièrement, aux Payeurs de Rentes de qnoi satisfaire la partie du Public, dont les Rentes seroient fort petites , en telle proportion cependant , qu'elle laisseroit encore des sacrifices à faire aux Payeurs des Rentes ; & sur ces sacrifices, Messieurs , nous - nous sommes assûrés des dispositions de Messieurs les Payeurs des Rentes qui n'en compteront aucun pour la tranquillité publique, qui déjà pour l'établir après avoir payé, dans un premier appel, tous ceux qui veulent bien leur fournir des appoint, ce qni leur donnent des facilités pour satisfaire ceux qui n'en ont pas le moyen ou la volonté , finissent par payer ces derniers, par des appoints en es-péces , de sorte que la tranquillité est très-établie dans cette partie.

2° Pour faciliter les payemens dans le Commerce, & éviter les désagrémens qu'il éprouve à se procurer des appoints pour ses échéances, désormais tous les porteuts de la Caisse d'Escompte seront obligés, par les Administrateurs, à fournir au Commerce tous les appoints des Billets dont ils seront porteurs ; de sorte que, si une obligation de 501 livres est présentée par un Porteur de la Caisse d'Escompte , il sera obligé de donner 99 livres en espéces, si on lui présente 600 livres en Billets de Caisse. On sent l'étendue d'un tel engagement, & ce qu'il en résultera de tranquillité pour le Commerce ; bien entendû que, si la Caisse d'Escompte a plu-sieurs Billets sur la même maison, l'appoint, dont elle sera redevable, tombera sur la somme to-tale des Billets, & non sur chacun des Billets en particulier.

Tant d'engagemens de la Caisse-d'Escompte,

rant à l'égard des Subſiſtances, des Travaux publics, des Troupes, du Tréſor Public, des Payeurs des rentes, qu'à l'égard du Commerce, relativement aux effets dont elle eſt porteur, ne nous ont pas empêché d'exiger encore d'elle,

1°, Un million par mois, pour être diſtribué entre les différentes Communautés qui emploient des Ouvriers dans la Capitale, le tout proportionnellement aux quotités d'Ouvriers employés par chacune d'elle;

2° Un million & demi à être réparti entre les perſonnes les moins fortunées de la Capitale, ſelon les Réglemens qui ſeront dreſſés à cet effet, ſoit par votre Aſſemblée, ſoit par le Bureau de Ville, ſi l'Aſſemblée veut s'en repoſer ſur lui.

Une meilleure diſtribution de numéraire nous procurera certainement de grands avantages pendant la durée de la criſe; mais le plus grand avantage que nous ayons à rechercher aujourd'hui eſt de la faire ceſſer. C'eſt pour cela, Meſſieurs que de grands moyens ſe préſentent; & s'ils n'ont pas encore toute l'efficacité dont ils ſont ſuſceptibles, ils la recevront au premier inſtant.

Nous avons vu que la vente de 170 millions d'aſſignats devoient remplacer pareille ſomme des billets de Caiſſe; qu'elle reſſource n'avons-nous pas dans un pareil fond pour l'anéantiſſement de ces billets; ils ſont hypothéqués ſur plus de 400 millions de biens du Domaine & du Clergé; au premier inſtant où la vente pourra s'en ouvrir, ces aſſignats s'y placeront en abondance, & autant de billets de Caiſſe ſeront ſupprimés. Quelques formalités ſont encore à remplir pour décréter les objets ſpéciaux qui ſeront ven-

dus; elles vont l'être inceſſamment. Toutes les
déclarations des biens du Clergé doivent être
faites en Mars; & à cette époque, commencera
rapidement une vente dont tant de motifs exigent la réaliſation. Il ſe répand même aujourd'hui
que l'Aſſemblée Nationale va en accélérer d'a-
vantage la vente.

En attendant cette époque, les Actionnaires
de la Caiſſe d'Eſcompte, perſuadés de l'excès de
circulation de leurs billets dans Paris, ont arrêté
un Appel, par le moyen duquel ils anéantiront
pour quarante millions, avant que la vente des
biens du Clergé puiſſe avoir lieu, de ſorte que
leurs billets, en circulation, ne s'éléveront qu'à
160,000,000 de liv., au lieu de deux cents qu'ils
pouvoient avoir en émiſſion. Les Adminiſtrateurs
négocient maintenant un Emprunt de 20 à 30
millions dans l'Etranger, pour lequel ils ont donné
pour gage une maſſe des annuités qui leur ſont
accordées en payement par l'Aſſemblée Nationale;
pour peu que cette négociation ait de ſuccès, encore pareille ſomme des billets retirés de la circulation, & remplacés par un numéraire réel, reſte-
ront, juſqu'en Avril prochain, 140 millions,
comme le plus haut degré poſſible de la maſſe
des billets en circulation; c'eſt-à-dire, dix millions de plus que la ſomme qui en a exiſté dans
un temps où Paris ne s'en appercevoit pas; ſi l'on
s'en tient à ces moyens, voilà certainement une
diminution conſidérable dans le mal dont nous-
nous plaignons. Mais ce n'eſt pas tout; la Caiſſe
va s'occuper de nous faire aider par les Provinces dans la circulation de nos billets.

Un des grands obſtacles qui s'y oppoſoient,
étoit qu'ils pouvoient difficilement ſe tranſporter

par la voie de la Poste ; étant payables à tout Porteur, c'étoit une terrible tentation de vol, que la possibilité d'en trouver dans des Lettres ; de plus, la seule opinion que des Malles en seroient chargés, diminueroit la sûreté des transports, & occasionneroit de fréquentes attaques des Couriers.

Pour remédier à ces inconvéniens, on va donner à ces Billets une forme de Billets à Ordre ; tous ceux qui voudront en envoyer en Province, pourront les échanger contre d'autres à ordre, de pareille valeur ; &, afin d'en faciliter la circulation, l'endossement ne sera que le certificat des Signataires, qu'ils répondent chacun respectivement le tenir du Signataire précédent, le premier Signataire le tenant immédiatement de la Caisse d'Escompte. Par ce moyen, chaque Porteur ne sera point inquiété par une garantie qui ne seroit d'ailleurs qu'imaginaire, puisqu'il n'est pas besoin de garantie pour une Compagnie dont l'actif excéde de 140 milions le passif.

Afin que les Provinces reçoivent ce papier avec plaisir, la Caisse d'Escompte fera payer, par ses Correspondans, dans les principales Villes de Commerce, des sommes proportionées aux forces des Places, afin que ceux qui sont Porteurs de ces Effets, y soient remboursés au pair ; elle fera tous ses efforts pour élever ce remboursement, dans les Provinces, de 3 à 400,000 liv. par jour.

Cette opération présentera un motif puissant aux Provinces, d'accepter les Billets de Caisse d'Escompte en payement, ce qui en fera sortir de Paris une quantité très-considérable ; les Banquiers qui feront ces fonds pour la Caisse d'Escompte, n'en feront payés par elle que vers le temps où la Vente des biens du Clergé s'opérera ; & les Billets qu'ils auront payés feront retirés de la circulation générale : ce qui foulagera d'autant les Provinces & la Capitale.

Non-feulement il faudra compter pour fortis de la circulation de Paris tous ceux qui feront ainfi payés par les Banquiers des Provinces ; mais il faut encore y compter une fomme confidérable qui refteroit en circulation de Ville en Ville, comme papier à vue fur Paris. Cette maffe eft plus étendue qu'on ne penfe, car les Billets fous la nouvelle forme, pourront fe répandre comme remifes, non-feulement dans la France, mais dans l'Europe entière, où ils fuivront le cours du papier fur Paris.

Les Banquiers qui fe prêteront à ces opérations, auront en dépôt une fomme d'Affignat pareille à celle de leurs fignatures & de leur avances. Ils feront encore chargés de la vente des Affignats, ce qui les répandra dans les Provinces, en affûrera un plus prompt débit, &, par conféquent, un plus prompt anéantiffement des Billets à mefure que ces avantages feront connus des Maifons de Commerce de Provinces, elles s'emprefferont, à l'envi les unes des autres, de fe charger de ces négociations, & la libération de la Capitale s'avancera d'autant.

Ce plan a été difcuté à la Caiffe d'Efcompte pendant plufieurs Séances, à l'une defquelles des Commiffaires des Comités de Finances & du Commerce, de l'Affemblée Nationale, fe font réunis. Ce plan a été arrêté entre les mêmes Perfonnes réunies dans deux Séances tenues à cet effet chez MM. les Députés extraordinaires des Provinces,

qui se ltrouvent actuellement à Paris. Il l'a été successivement en des Comités particuliers, tant chez
M. le Directeur du Trésor-Royal, que chez le
Premier Ministre des Finances ; par-tout, après
la plus sévère discussion, on a décidé qu'il falloit
l'adopter.

MM. les Députés du Commerce des Provinces
ont principalement promis leurs efforts pour faire
réussir dans les Provinces. Ils ont senti que l'intérêt de leurs Commettans étoit le même que
celui de la Capitale ; qu'elle ne pouvoit être en
souffrance sans que les Fabriques & le Commerce
total de la France ne s'en ressentent ; de sorte
qu'il va se faire, en votre faveur, une réunion
d'effors patriotiques, qui nous donnera au moins
le temps d'attendre le terme de la prospérité
publique (1).

Dans un autre moment que celui-ci, Messieurs,
la Caisse d'Escompte auroit été en état, par une
telle opération, de faire disparoître de la Place
de Paris, pour plus de 200 millions de son papier ; ses ressources étoient si étendues ; son
crédit étoit si grand, qu'elle n'auroit eu qu'à
y penser pour l'exécuter ; aujourd'hui elle ne
fera pas une si haute tentative ; les motifs de
son crédit sont plus grand que jamais, parce
qu'ils sont appuyés sur les Biens-fonds de la Nation ; mais la force n'est jamais plus énergique
que quand elle est conduite par la prudence ;
la Caisse d'Escompte n'usera des siennes, que conformément à la délicatesse des circonstances où se

____

(1) Voyez, à la fin du Rapport, la Lettre écrite, le 27
Janvier, par Messieurs les Députés extraordinaires des Manufactures & du Commerce de France.

trouve aujourd'hui le Commerce du Royaume, elle déployera ce grand moyen, avec une sage modération ; il n'a besoin d'être employé que pendant quelques mois, après lesquels les Biens des Domaines & du Clergé commençant à se vendre, les assignats obtiendront une valeur rapide dans toute la Finance, & chez l'Etranger ; & tout papier qui en représente la valeur, sera promptement supprimée dans les Provinces, comme à Paris.

Cette grande opération de la Caisse d'Escompte, qui introduit dans les Provinces une circulation libre des billets, nous a paru même plus efficace que celle qui les introduiroit en vertu d'un décret de l'Assemblée Nationale.

C'est par la voix du Commerce que ces billets se propageront, La voie du Commerce est une voie de persuasion , de douceur & de confiance ; tous les esprits ne sont point à portée d'étudier ni même de comprendre les grandes questions de la politique ; ils ne saisiront pas tous, avec la même facilité que cette Assemblée, les motifs de la substitution des billets aux impôts ; de sorte que, par la voie du décret, ces bilets arrivant aux Provinces par une autre route que celle du Commerce, n'y obtiendroient pas une entrée aussi favorable que celle qui leur sera procuré par les grands intérêts qui lient le Commerce des Provinces à celui de la Capitale.

Par le plan proposé , nous remplissons la demande des Districts , qui veulent étendre les Billets de la Caisse aux Provinces , & les Provinces partageant avec nous cette circulation de Billets ne soupçonneront pas seulement qu'ils existent dans leur sein. Si 125 millions ont existé

dans

dans Paris, fans que la Capitale le fçut, que fera-ce que 160 millions, au plus, dans toute l'étendue de la France & de la Capitale.

Ce qui fera fentir encore davantage ce que vous pouvez efpérer de ce Plan, c'eft que la Caiffe d'Efcompte, qui a les plus grandes difficultés pour fe procurer des fommes à Paris, ne les aura pas de même dans les Provinces.

Tous fes Correfpondants vont devenir de nouveaux Actionnaires, dont les fonds & le crédit vont faire fortir les efpéces, & enterrer les billets; déjà des nouvelles favorables à ce Plan, font arrivées des Provinces; on follicite la Correfpondance de la Caiffe d'Efcompte pour cette opération, & il n'eft pas douteux qu'elle ne puiffe produire un très-bon effet.

Elle fera, fur-le-champ, un effet falutaire, puifque les Billets de la Caiffe d'Ecompte étant payés au pair, dans les Provinces, les Traites fur Paris pourront d'autant plus facilement diminuer, que la Caiffe d'Efcompte a bien d'autres routes à indiquer à fes Correfpondances, pour le remboursement de leurs avances.

Voilà, Meffieurs, les motifs qui, dans toutes les conférences, dont nous vous avons parlé, ont fait regarder ce Plan comme préférable à toute demande de Décret de l'Affemblée Nationale à ce fujet; c'eft le vœu de tous ceux que nous avons confultés; vos Commiffaires défirent que ce foit le vôtre, & s'en repofent entièrement fur votre fageffe, pour ajouter à toutes les confidérations qui leur fait fouhaiter que vous-vous uniffiez à leur vœu.

Il réfultera de cette répartition volontaire des Billets dans les Provinces, que nous aurons prouvé au monde entier que notre patriotifme ne connoît que les Loix de la Fraternité; que tandis que les Ennemis de la Révolution nous décrient dans toutes les Provinces, nous fommes tellement occupés du bonheur des Provinces, que nous leur facrifions nos intérêts les plus chers; nous prouvons par-là à l'Univers que nous ne fommes plus qu'une même Famille, dont tous les efforts font des efforts d'union, de paix & de concorde, qui, après avoir, fans combat, fans effufion de fang, renverfé la plus effroyable tyrannie, dans le moment où elle étoit fur le point de déployer, fur nos têtes, fon implacable fureur, continue dans le calme à établir une Liberté dont l'étendue & la profpérité n'auront point eu d'exemple dans les Annales du monde.

De toutes les Réflexions que nous venons de mettre fous vos yeux, nous concluons :

1° Qu'il n'y a aucun reméde aux caufes de la rareté des efpéces dans Paris, que d'y établir la paix, la profpérité, le bonheur des Individus, d'y exciter tout genre d'Induftrie, &, afin que les immenfes richeffes de fes Citoyens tournent entièrement à fa profpérité, de le convertir en une Ville de Commerce qui vivifie tout l'Empire.

2° Que tout papier au-deffous de 200 livres contribuera à rendre l'argent plus rare, & fera dangereux dans fa circulation.

3° Que l'intérêt donné aux Billets de la Caiffe d'Efcompte ne rendroit pas les efpéces plus communes, qu'il ruineroit le Commerce en augmentant fes pértes, & rendant les négociations plus difficiles.

4° Que la défenfe de vendre les Billets à perte, en échange contre l'argent, peut être nuifible; qu'elle feroit fans exécution , & feroit augmenter la perte fur les Billets.

5° Qu'il eft abfurde & tyrannique de faire aucunes recherches dans les maifons fur le Numéraire qui peut s'y trouver.

6° Qu'il n'eft ni poffible, ni raifonnable de gêner la circulation des efpéces.

7° Qu'il eft dangereux de contraindre la Caiffe d'Efcompte à une fomme journalière déterminée.

8° Qu'un nouveau Plan de diftribution de Numéraire paroît néceffaire.

9° Que les moyens des Affignats, des Emprunts en Hollande , de l'appel de 40 millions doivent diminuer notablement la maffe des Billets en circulation.

10° Que les Etabliffemens que la Caiffe va faire dans les Provinces, pour faire payer, à fommes proportionnées aux forces des Places, peuvent confidérablement diminuer les Billets en circulation dans Paris.

11° Que ces Etabliffemens rempliront le vœu de la circulation des Billets dans les Provinces, & n'auront pas les inconvéniens d'une circulation forcée.

12° Qu'il eft effentiel de faire une Adreffe à l'Affemblée Nationale pour accélérer la vente des Biens Domaniaux & Eccléfiaftiques.

13° Que pour la tranquillité publique , la Commune doit demander à l'Affemblée Nationale d'adjoindre des Commiffaires à ceux de la Commune, pour affûrer la Capitale & les Provinces d'un anéantiffement de Billets proportionnel à la vente des Affignats, aux fonds de l'appel de 40 millions des Actionnaires, à ceux de l'Emprunt fait, dans l'Etranger, fur les Annuités; &, enfin, à ceux produits de toute autre manière quelconque, deſtinée à l'anéantiſſement des Billets repréſentatifs des avances faites au Gouvernement.

14° Que la Caiſſe d'Eſcompte ſoit tenue de payer, à Bureau ouvert, un mois après que ces différens moyens lui auront procuré les fonds qu'elle a avancés au Gouvernement.

Telles ſont, Meſſieurs, les Concluſions que vos Commiſſaires ont cru devoir tirer des connoiſſances qu'ils ont acquiſes ſur l'objet de leur Mandat. Les Membres de cette reſpectable Aſſemblée ſont, aujourd'hui, plus en état qu'eux de diſcuter une matière auſſi délicate, & de porter, avec prudence, une déciſion, à laquelle vous avez ſi bien dit que tenoit le *bonheur général*. Les délais même qui ont été apportés à notre Rapport, vous ſont utiles ; parce qu'ils n'ont donné que plus d'étendue à vos lumières, plus de préciſion à vos réflexions, & qu'il en réſulte plus de moyens de ſuppléer les défauts de nôtre travail & d'en rectifier les réſultats. Vos Commiſſaires auront, au moins, l'avantage qu'après avoir étudié la queſtion, ils ſeront plus à portée de recevoir vos idées, de ſaiſir vos vues, & de les propager, avec les bons Citoyens, dans la Capitale, dont votre Aſſemblée embraſſe les intérêts avec un zéle ſi actif & un patriotiſme ſi pur.

Signé, FARCOT,
    ROUSSEAU,
    BIGOT DE PRÉAMENU, ⎰ *Repréſentans*
    MARCHAIS,   ⎱ *de la Commune.*
    PAULMIER,
    MAILLOT,

LETTRE de MM. les DÉPUTÉS extraordinaires des Manufactures & du Commerce de France.

A Paris, le 27 Janvier 1790,

MESSIEURS,

VOUS avez eu connoiſſance du Décret rendu le 19 du mois de Décembre dernier, par l'Aſſemblée-Nationale, relatif aux Finances. Vous avez vu que, d'après le rapport qui lui a été fait par ſon Comité, elle a adopté les propoſitions préſentées par les Adminiſtrateurs de la Caiſſe d'Eſcompte, qui ſont de verſer au Tréſor-Public, juſqu'au premier du mois de Juillet prochain, une ſomme de 80 millions en ſes Billets, qui, avec les 90 millions que cette Caiſſe avoit verſés pour les beſoins de l'année dernière, forment une ſomme de 170 millions, dont la Caiſſe d'Eſcompte ſe trouve créancière de l'Etat. Vous ſentirez ſûrement que ces verſemens n'ont pu être faits, & ne peuvent s'effectuer que par une émiſſion dans le Public, d'une plus grande quantité de Billets, & augmenter celle qui eſt en circulation, pour les beſoins du Commerce, par la voie de l'Eſcompte, & qui peuvent s'élever à environ 30 millions.

Vous voyez, Meſſieurs, que la totalité des billets de la Caiſſe d'Eſcompte, répandus dans le Public, ſe monte à environ 200 millions.

Cette maſſe de Billets eſt conſidérable, ſans doute, mais elle n'eſt telle que parce que c'eſt dans la Capitale feule que s'eft fait la circulation, & que c'eft fon Commerce qui en porte tout le poids; elle feroit certainement infenfible, fi les différentes Places du Commerce du Royaume, fe prêtoient à la diminuer.

Il faut venir au fecours de l'Etat, il faut aider la chofe publique; il faut enfin foulager le Commerce de Paris, qui eft intimement lié à celui du Royaume.

Pour parvenir à ce foulagement, que les cir-conftances rendent de jour en jour plus preffant & plus défirable, il nous a été préfenté diffé-rents projets. Celui qui nous a paru mériter la préférence; c'eft le Plan qui nous a été propofé par Meffieurs les Députés de la Commune de Paris, de concert avec Meffieurs les Adminiftra-teurs de la Caiffe d'Efcompte, & en préfence de quelques Membres de l'Affemblée-Nationale, compofant le Comité des Finances & du Com-merce. Nous avons l'honneur de vous en envoyer ci-joint une Copie; nous y joignons celle du Mémoire relatif à la Caiffe de l'Extraordinaire.

Vous verrez, Meffieurs, que ce Plan eft une fimple opération de Banque momentanée & ab-folument libre; vous y remarquerez que les Bil-lets à ordre qui feront envoyés dans les Provin-ces, feront hypothéqués principalement fur les affignats tirés fur la Caiffe de l'Extraordinaire ou billets d'achats, fur les Biens-fonds des Domaines du Roi & des Biens du Clergé, dont la vente à été décrétée, & va inceffamment être mife à exécution. Vous verrez que les affignats feront dépofés dans les mains des Négocians des Pro-vinces, qui feront chargés de cette opération, & y refteront, tant pour leur fûreté perfonnelle, que pour celle des prêteurs, jusqu'à l'entier acquittement des Billets à ordre qui seront retirés successivement par les Correspondans de la Caisse-d'Escompte. Vous verrez enfin que l'hypothéque que l'on donne à ses Billets, n'est point éventuelle, qu'elle est fondée sur une chose certaine, puisque, conformément au Décret de l'Assemblée-Nationale, du 19 Décembre, les Porteurs de ces Billets seront les premiers hypothéquaires, & qu'il ne peut être fait du produit de la vente de ces Biens-fonds, aucun emploi, que les Billets ne soient remboursés.

Nous devons vous ajouter que la Caisse d'Escompte a éprouvé les vérifications les plus scrupuleuses, de la part des Députés de la Commune de Paris & de l'Assemblée Nationale; & ils nous ont assûré qu'il n'y avoit aucun doute raisonnable à élever sur la réalité de ses moyens, & la fidélité du dénombrement qu'elle donne de ses Billets.

Les détails que nous venons de donner, Messieurs, sur la solidité de cette opération, devoient suffire pour inspirer de la confiance ; mais nous ne nous dissimulons pas que les circonstance du moment sont affligeantes pour le Commerce ; que les affaires sont dans une grande stagnation, & que la méfiance presque générale, enléve des moyens dont on auroit pu faire usage dans d'autres temps ; cependant, il convient de faire tous nos efforts pour aider la chose publique. Nous venons vous y engager, au nom du Patriotisme, qui doit être dans le cœur de tous les François, qui, ne formant plus qu'une même famille, doivent être unis par les mêmes sentimens. Indépendamment de cette impulsion si naturelle, vous sentirez que toutes les Places du Royaume étant intimement liées les unes avec les autres, le rapport qu'elles ont toutes avec la Ville de Paris, est tel, qu'un embarras qui arriveroit dans le Commerce de cette Ville, se feroit ressentir dans tout l'Empire, porteroit un coup funeste à tout le Commerce, & feroit évanouir les heureux effets que nous avons droit d'attendre de la bonne & sage Constitution à laquelle nous touchons.

Nous espérons donc, Messieurs, que vous montrerez dans ce moment, à la Nation, que les Commerçans sayent aider la Patrie, en même temps qu'ils l'enrichissent ; & il sera bien doux pour nous de pouvoir ajouter ce nouveau titre à la défense de leurs intérêts, & à la conservation de leurs Droits.

Nous avons l'honneur d'être, avec un respectueux attachement,

MESSIEURS,

Vos très - humbles & très-obéissans serviteurs,

Les Députés extraordinaires des Manufactures & du Commerce de France.

De l'Imprimerie de LOTTIN *l'aîné*, & LOTTIN *de S.-Germain*, rue S.-André-des-Arcs, N° 27.